Rosen der Liebe

---

*Texte zur Meditation
ausgewählt von Antonia und Theo Schoenacker*

Rosen der Liebe
Texte zur Meditation
Aus den Bahá'í-Schriften
ausgewählt von Antonia und Theo Schoenaker
Horizonte Verlag GmbH Rosenheim
3. Auflage 1989
ISBN 3-926116-13-7
Veröffentlicht mit Genehmigung
des Bahá'í-Verlages, Hofheim-Langenhain

Diese Texte sind auch
auf Tonkassette erhältlich.
Sie wurden von Antonia Schoenaker
gesprochen und mit
meditativer Musik untermalt.

*Tausend Türen tut Er auf,
wo der Mensch außerstande
ist, sich auch nur eine
vorzustellen.(1)*

Man darf in jedem menschlichen Wesen nur das sehen, was des Lobes würdig ist. Wenn man so handelt, kann man der ganzen Menschheit Freund sein. Betrachten wir die Menschen jedoch vom Standpunkt ihrer Fehler aus, dann ist es eine äußerst schwierige Aufgabe, mit ihnen Freundschaft zu pflegen. ....
So sollten wir, wenn wir unseren Blick auf andere Menschen richten, das sehen, worin sie sich auszeichnen, und nicht das, worin sie versagen.(2)

Denkt zu allen Zeiten daran, wie ihr jedem Glied der Menschheit einen Dienst erweisen könnt. Schenkt Abneigung und Zurückweisung, Geringschätzung, Feindseligkeit und Ungerechtigkeit keine Beachtung: tut das Gegenteil. Seid aufrichtig freundlich, nicht nur dem Anschein nach.(3)

O Sohn des Seins!
Du bist Meine Lampe, und Mein Licht ist in dir. Entnimm daraus dein Leuchten und suche keinen anderen als Mich, denn Ich habe dich reich erschaffen und dir Meine Gunst erwiesen.(4)

Fürchte dich nicht, sorge dich nicht, hetze dich nicht ab für die Dinge dieser Welt! Folge stetig der Führung Gottes. Sein Reich als Ziel hier wie dort vor Augen tragend. Bei Ihm, in Ihm, durch Ihn bist du immer und überall geborgen!(5)

... des Menschen höchste Ehre und wahres Glück (liegt) in der Selbstachtung ..., in hohen Entschlüssen und edlen Vorsätzen, in der Unversehrtheit und Sittlichkeit der Person, in der Reinheit des Denkens.(6)

O Sohn des Menschen!
*Fülle Dein Herz mit Freude,
damit du würdig werdest,
Mir zu begegnen und Meine
Schönheit widerzustrahlen.(7)*

Sei nicht Sklave, sondern Herr deiner Stimmungen. Bist du aber so verärgert, so gedrückt, so wund, daß dein Geist selbst im Gebet nicht Erlösung und Ruhe findet, so gehe eilends hin und bereite einem Geringen, einem Bekümmerten, einem schuldigen oder unschuldig Leidenden - eine Freude! Opfere dich, deine Gabe, deine Zeit, deine Ruhe einem anderen, einem, dem mehr als dir auferlegt ist - und deine unglückliche Stimmung löst sich auf in gottselige, gottzufriedene Ergebung.(8)

O Sohn des Menschen!
*Du bist Mein Besitz, und Mein
Besitz vergeht nicht; warum
fürchtest du Vergänglichkeit?
Du bist Mein Licht, und Mein
Licht verlöscht nie; warum
fürchtest du Verlöschen?
Du bist Mein Glanz, und Mein
Glanz verblaßt nicht. Du bist
Mein Gewand, und Mein Gewand
wird nie veralten. So bleibe
in deiner Liebe zu Mir, damit
du Mich im Reiche der Herrlichkeit findest.(9)*

*Kampf und Gewalt werden zu
keinem guten Ergebnis führen,
selbst dann nicht, wenn sie
für die richtige Sache eingesetzt
werden. Die Unterdrückten,
die das Recht auf ihrer
Seite haben, dürfen sich dieses
Recht nicht mit Gewalt holen:
das Übel würde nur fortdauern.
Die Herzen müssen verwandelt
werden.(10)*

O Sohn des Seins!
*Mit den Händen der Macht
erschuf Ich dich, mit den Fingern
der Kraft formte Ich dich, und
Ich legte in dich Mein strahlendes
Leuchten. Begnüge dich damit
und suche nichts anderes,
denn Mein Werk ist vollkommen
und Mein Gebot bindend. Sei
dessen gewiß und zweifle
nicht.(11)*

Ich heiße euch: ... Wenn ein Kriegsgedanke kommt, so widersteht ihm mit einem stärkeren Gedanken des Friedens. Ein Haßgedanke muß durch einen mächtigeren Gedanken der Liebe vernichtet werden. Kriegsgedanken zerstören alle Eintracht, Wohlfahrt, Ruhe und Freude. Gedanken der Liebe schaffen Brüderlichkeit, Frieden, Freundschaft und Glück.(12)

O Sohn des Geistes!
*Ich habe dich reich erschaffen,
warum machst du dich selbst arm?
Edel erschuf Ich dich, warum erniedrigst du dich selbst? Aus
den Tiefen des Wissens gab Ich
dir Leben, warum suchst du nach
Erleuchtung bei einem anderen
als Mir? Aus dem Ton der Liebe
formte Ich dich, warum trachtest
du nach einem anderen außer Mir?
Schaue in dich selbst, damit du
Mich in dir findest, mächtig,
stark und selbstbestehend.(13)*

Verkehrt mit allen Menschen in Liebe und Eintracht. Eine freundschaftliche Gesinnung ist die Ursache der Einigkeit, und Einigkeit ist die Quelle der Ordnung in der Welt. Gesegnet sind die Gütigen und Dienstbereiten.(14)

O Sohn des Menschen!
Verhüllt in Meinem unausdenkbaren Wesen und in der Ewigkeit Meines Seins, erkannte ich Meine Liebe zu dir; darum erschuf Ich dich, prägte dir Mein Ebenbild ein und offenbarte dir Meine Schönheit.(15)

*Eine freundliche Zunge ist ein
Magnet für die Menschenherzen.
Sie ist das Brot des Geistes,
sie kleidet die Worte in Be-
deutung, sie ist der Lichtquell
der Weisheit und des Verstehens.(16)*

O Sohn des Seins!
*Liebe Mich, damit Ich dich
liebe. Wenn du Mich nicht
liebst, kann Meine Liebe
dich niemals erreichen.
Erkenne dies, o Diener.(17)*

*Die Zunge ist dazu da, das
Gute zu erwähnen; beschmutzt
sie nicht mit übler Rede.
Gott hat euch das Vergangene
vergeben. Hinfort müßt ihr
alle das sprechen, was euch
geziemt. Vermeidet Ver-
wünschungen, Schmähungen und
alles, was die Menschen ver-
drießt.(18)*

*Die Freude verleiht uns Schwingen.
In Zeiten der Freude ist unsere
Kraft belebter, unser Intellekt
geschärfter und unser Begriffs-
vermögen weniger umzogen. Es
fällt uns offenbar leichter, uns
mit der Welt zu messen und unser
Eignungsgebiet herauszufinden.(19)*

Alle Menschen wurden erschaffen, eine ständig fortschreitende Kultur voranzutragen... Wie die Tiere auf dem Felde zu leben, ist des Menschen unwürdig. Die Tugenden, die seiner Würde anstehen, sind Geduld, Erbarmen, Mitleid und Güte für alle Völker und Geschlechter der Erde.(20)

*Geistige Glückseligkeit ist
die wahre Grundlage des menschlichen Lebens, denn das Leben
ist um des Glückes, nicht um
der Sorge willen, zur Freude,
nicht zum Leid erschaffen.(21)*

*Vor Gott sind alle Menschen
gleich. Im Reich Seiner Ge-
rechtigkeit und Unparteilich-
keit gibt es keinen Unter-
schied oder Vorzug für irgend-
eine Seele.
Die Einteilungen hat nicht
Gott gemacht, sie haben vielmehr
ihren Ursprung im Menschen selbst.
Da sie gegen den Plan und die
Absicht Gottes sind, sind sie
falsch und nur in der Einbildung
vorhanden... (22)*

*Seid wie die Finger einer Hand,
die Glieder eines Körpers!
So machtvoll ist das Licht der
Einheit, daß es die ganze Erde
erleuchten kann.
Das Heiligtum der Einigkeit
ist errichtet; betrachtet einander
nicht als Fremde. Ihr seid
die Früchte eines Baumes und
die Blätter eines Zweiges.(23)*

*Ein strahlendes, glückliches
Gesicht ermutigt die Menschen
auf ihren Wegen. Wenn jemand
traurig ist und einem lachenden
Kind begegnet, dann wird
das Kind beim Anblick seines
Gesichts aufhören zu lachen,
ohne zu wissen warum.(24)*

*Ich wünsche, daß ihr glücklich
seid, ... daß ihr lacht, strahlt
und euch freut, damit andere
durch euch glücklich werden.(25)*

*Gebt euch nicht zufrieden,
bis jeder, mit dem ihr zu tun
habt, für euch wie einer aus
eurer Familie ist. Seht jedermann als Vater oder Bruder,
als Schwester oder Mutter
oder als ein Kind an. Wenn ihr
das erreichen könnt, dann werden
eure Schwierigkeiten vergehen;
ihr werdet dann wissen,
was zu tun ist.(26)*

*Hütet euch, daß ihr nicht irgend
jemandes Gefühle verletzt, das
Herz eines Menschen betrübt
oder die Zunge dazu gebraucht,
einen anderen zu tadeln oder
zu beschuldigen. ....
Hütet, hütet euch, daß niemand
von euch eine Seele schelte oder
zurechtweise, auch wenn der
Betreffende Böses wünscht und
schlecht handelt.(27)*

*Rache ... ist ... tadelnswert,
weil durch Rache nichts Gutes
für den Rächer gewonnen wird.
Wenn jemand einen anderen schlägt
und der Geschlagene sich rächt,
indem er die Schläge zurückgibt,
welchen Nutzen hat er davon?
Ist dies Balsam für seine Wunde
oder ein Heilmittel für seinen
Schmerz? Nein, Gott behüte.
In Wahrheit sind beide Handlungen dieselben, beide sind
unrecht; der einzige Unterschied
ist der, daß die eine früher
und die andere später erfolgte.
Wenn darum der Geschlagene verzeiht, vielmehr wenn er in einer
Weise die der gegen ihn gehandhabten entgegengesetzt ist, handelt,
so ist dies des Lobes wert ... (28)*

O Sohn des Geistes!
*Edel erschuf Ich dich, du aber
hast dich selbst erniedrigt.
So erhebe dich zu dem, wozu
du erschaffen wurdest.(29)*

Die Wirkung der Taten ist wahrhaft mächtiger als die der Worte.(30)

*Der Fortschritt des Menschen
ist abhängig von Ehrlichkeit,
Weisheit, Keuschheit,
Klugheit und Taten. Durch
Unwissenheit, mangelnden
Glauben, Unwahrhaftigkeit
und Selbstsucht wird er
immer erniedrigt...(31)*

O Sohn des Menschen!
*Wenn du Barmherzigkeit übtest,
dann würdest du nicht deinen
eigenen, sondern den Nutzen
der Menschheit im Auge behalten.
Wenn du Gerechtigkeit übtest,
dann würdest du für andere nur
wählen, was du auch für dich
selbst wählst.(32)*

*Schließt eure Augen gegen
Unterschiede der Rasse und
heißt alle mit dem Licht der
Einheit willkommen. Seid die
Ursache des Trostes und der
Hilfe für die Menschheit.
Diese Handvoll Staub, die Welt,
ist eine Heimat, laßt sie eine
solche in Einigkeit sein. Entsagt dem Stolz, denn er ist
eine Ursache der Zwietracht.
Folgt nur dem, was Harmonie
bewirkt.(33)*

*Entzündet, wann immer ihr
könnt, bei jeder Begegnung
eine Kerze der Liebe und
erfreut und ermutigt mit-
fühlend jedes Herz. Sorgt
euch um jeden Fremden wie
um einen der euren und
zeigt der fremden Seele
die gleiche Liebe und Güte,
die ihr euren treuen Freunden
schenkt.(34)*

*Wann immer eine Mutter sieht,
daß ihr Kind etwas gut gemacht
hat, soll sie es loben, ihre
Anerkennung äußern und sein
Herz erfreuen.(35)*

Die Menschenwelt besteht aus zwei Hälften, der männlichen und der weiblichen. Eine ergänzt die andere. Ist eine davon unterentwickelt, so hat zwangsläufig auch die andere Mängel. Vollkommenheit kann so nicht erreicht werden.(36)

Alle Religionen lehren, daß wir einander lieben und unsere eigenen Fehler herausfinden sollten, bevor wir uns erkühnen, die Fehler anderer zu verdammen, und daß wir uns nicht über unseren Nächsten erheben dürfen.(37)

*Manche Männer und Frauen freuen sich über ihre erhabenen Gedanken, doch wenn diese Gedanken nie in die Ebene der Taten kommen, ... bleiben sie zwecklos:
die Macht des Denkens hängt von dessen Äußerung in Taten ab.(38)*

Die Liebe äußert ihre Wirklichkeit in Taten, nicht in bloßen Worten. Worte allein besitzen keine Wirkung. Um ihre Kraft zu zeigen, muß Liebe einen Gegenstand, ein Werkzeug, einen Anlaß haben.(39)

Jeder Mensch wurde auf einen Ehrenposten gestellt, den er nicht aufgeben darf. Ein bescheidener Arbeiter, der eine Ungerechtigkeit begeht, ist genau so tadelnswert wie ein berühmter Gewaltherr. So haben wir alle die Wahl zwischen Recht und Unrecht.(40)

*In den Augen Gottes macht das
Geschlecht keinen Unterschied.
Derjenige, ob Mann oder Frau,
ist am größten, der Gott am
nächsten ist. ... Wenn die Frauen
die gleichen Vorteile der Erziehung
genössen wie die Männer, würde das
Ergebnis zeigen, daß sich beide
gleichermaßen zur Bildung eignen.
(41)*

Geschichten, die über andere verbreitet werden, sind selten gut. Eine schweigsame Zunge ist am sichersten. Selbst Gutes kann schaden, wenn es zur unrechten Zeit oder gegenüber der unrechten Person geäußert wird.(42)

*Die beste Art, Gott zu danken,
ist, einander zu lieben.(43)*

Quellennachweis	Seite
(1) Baha'u'llah, Botschaften aus Akka - 1982	203
(2) Abdu'l-Baha, Kleine Auswahl aus seinen Schriften - 1980	28
(3) Abdu'l-Baha, Kleine Auswahl aus seinen Schriften - 1980	7
(4) Verborgene Worte - 1982	10/11
(5) Sonne der Wahrheit - XIII/10	103
(6) Abdu'l-Baha, Das Geheimnis göttlicher Kultur - 1973	27
(7) Verborgene Worte - 1982	18
(8) Sonne der Wahrheit XIII/10	103
(9) Verborgene Worte - 1982	12
(10) Leben als Baha'i - 1984	47
(11) Verborgene Worte - 1982	11
(12) Leben als Baha'i - 1984	52
(13) Verborgene Worte - 1982	11
(14) Worte der Weisheit - 1973	10
(15) Verborgene Worte - 1982	8
(16) Leben als Baha'i - 1984	48
(17) Verborgene Worte - 1982	9
(18) Leben als Baha'i - 1984	61/62
(19) Abdu'l-Baha Ansprachen in Paris - 1984	85
(20) Leben als Baha'i 1984	17/18
(21) Was ist die Baha'i-Religion - 1967	49

(22) Leben als Bahá'í - 1984	84
(23) Leben als Bahá'í - 1984	77/78
(24) Leben als Bahá'í - 1984	74/75
(25) Leben als Bahá'í - 1984	72
(26) Leben als Bahá'í - 1984	63
(27) Leben als Bahá'í - 1984	64
(28) Leben als Bahá'í - 1984	59
(29) Verborgene Worte - 1982	14
(30) Worte der Weisheit - 1973	11
(31) Worte der Weisheit - 1973	11
(32) Worte der Weisheit - 1973	9
(33) Worte der Weisheit - 1973	9
(34) Abdu'l Baha, Kleine Auswahl aus seinen Schriften - 1980	10
(35) Abdu'l Baha, Kleine Auswahl aus seinen Schriften - 1980	20
(36) Frauen - 1986	20
(37) Abdu'l-Baha, Ansprachen in Paris - 1984	117
(38) Abdu'l-Baha, Ansprachen in Paris - 1984	9
(39) Abdu'l-Baha, Ansprachen in Paris - 1984	23
(40) Leben als Bahá'í - 1984	44/45
(41) Leben als Bahá'í - 1984	46/47
(42) Leben als Bahá'í - 1984	46
(43) Leben als Bahá'í - 1984	75

Alle Bücher aus dem Bahá'í-Verlag
Hofheim-Langenhain